LES FESTES VENITIENNES,

BALLET,

REPRÉSENTÉ

PAR L'ACADEMIE ROYALE

DE MUSIQUE,

Pour La premiere fois , le 17. Juin 1710.
La deuxiéme, le 10. Mars 1713.
La troisiéme, le 10. Juillet 1721.
La quatriéme, le 14. Juin 1731.

DE L'IMPRIMERIE

De JEAN-BAPTISTE-CHRISTOPHE BALLARD,
Seul Imprimeur du Roy , & de l'Académie Royale de Musique.

M. DCC XXXI.

AVEC PRIVILEGE DU ROY.

LE PRIX EST DE XXX. SOLS.

LE CARNAVAL
ET
LA FOLIE,
PROLOGUE
DES FESTES VENITIENNES,

Suivy

DES DEVINS;
DE L'AMOUR SALTINBANQUE;
ET DU BAL.

et de l'Oppera.

On vend la Musique en une Partition *In quarto.* 12. liv.

A ij

PERSONNAGES CHANTANTS.

LE CARNAVAL,	Monſieur Dun.
LA FOLIE,	Mademoiſelle Eermans.

PERSONNAGES DANSANTS.

SUIVANTS DU CARNAVAL;

Un Fou, Mr. Bontemps.	*Une Fole*, Mlle. Ferret.
Un Vieux, Mr. Dangeville.	*Sa Femme*, Mlle. Rabon.

Meſſieurs Dupré , Dumay.

Meſdemoiſelles Thybert , Durocher.

MASQUES COMIQUES;

Meſſieurs F-Dumoulin , P-Dumoulin.

La Scene eſt dans le Port de Veniſe.

Noms des Perſonnages Chantants dans tous les Chœurs.

CÔTE' DU ROY.		CÔTE' DE LA REINE.	
Meſdemoiſelles	*Meſſieurs*	*Meſdemoiſelles*	*Meſſieurs*
Dun.	Dun-Pere.	Antier-C.	Le Myre.
	Flamand.		Morand.
Dutillié.	S. Martin.	Tettelette.	Deſerré.
Duval-L.	Goujet.	Charlard.	Plet.
	Lefevre.		Dautrep.
Duval-C.	Marcelet.	Delorge.	Beſſon.
	Buſeau.		Laſalle.
Lavallée.	Deshais.	Sabatier.	Ducheſne.
	Dupleſſis.		Houbault.
Gomeny.	Combault.	Campourcy.	Borné.

PROLOGUE
DES FESTES
VENITIENNES.

LE CARNAVAL ET LA FOLIE.

Le Theâtre repréſente la Place de Veniſe ; & dans l'éloigne-
ment les Iſles qui ſont en vûë de cette Place.

SCENE PREMIERE.

LE CARNAVAL, Troupe de Maſques.

LE CARNAVAL.

 'Eclat de ce ſéjour, tranquile au ſein des mers,
  Attire cent Peuples divers,
  Charmez de ſa magnificence ;
 Mais il n'eſt jamais plus pompeux,
 Que lorſque les Ris & les Jeux
 S'y raſſemblent par ma préſence.

PROLOGUE.

Gardez-vous de troubler nos doux amusements,
Fuyez, sombres Chagrins ; Fuyez, Sagesse austere :
Volez, Amours, volez, abandonnez Cythere,
Venez sur des bords plus charmants.

CHOEURS.

Volez, Amours, volez, abandonnez Cythere,
Venez sur des bords plus charmants.

LE CARNAVAL.

Vous y trouverez mille Amants
Occupez du soin de vous plaire.

CHOEURS.

Volez, Amours, volez, abandonnez Cythere,
Venez sur des bords plus charmants.

LE CARNAVAL.

Pour cacher un tendre mistere
J'offre d'heureux déguisements ;
Volez, Amours, volez, abandonnez Cythere,
Venez sur des bords plus charmants.

CHOEURS.

Volez, Amours, volez, abandonnez Cythere,
Venez sur des bords plus charmants.

SCENE II.

LE CARNAVAL, LA FOLIE.

La Suite de la FOLIE entre en danfant,

LA FOLIE.

ACcourez, hâtez-vous,
Goûtez les charmes de la vie ;
Je les difpenfe tous,
Il n'en eſt point fans la Folie.

Les plaifirs regnent dans ma cour,
C'eſt moy feule qui les infpire :
Je fers de guide au tendre Amour,
Et je partage fon empire.

Accourez, hâtez-vous,
Goûtez les charmes de la vie ;
Je les difpenfe tous,
Il n'en eſt point fans la Folie.

Je ramene les tendres Jeux,
Je chaſſe la Raifon cruelle ;
Venez, vous ferez trop heureux,
Si vous êtes délivrez d'elle.

Accourez, hâtez-vous,
Goûtez les charmes de la vie ;
Je les difpenfe tous,
Il n'en eſt point fans la Folie.

Les Suivants du CARNAVAL & de la FOLIE
forment le Divertissement.

LE CARNAVAL, LA FOLIE, ET LES CHOEURS.

Chantons, & nous réjoüissons ;
Laissez-nous, Raison trop sévere ;
Nous donner d'austeres leçons,
N'est pas le moyen de nous plaire.
Chantons, & nous réjoüissons,
Laissez-nous, Raison trop sévere.

FIN DU PROLOGUE.

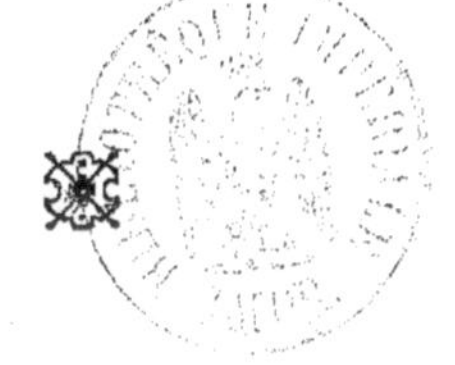

APROBATION.

J'AY lû par ordre de Monseigneur le Chancelier, *Les Festes Venitiennes*, & j'ay cru que le Public en verroit l'Impression avec plaisir. FAIT à Paris ce quinziéme Juin mil sept cent dix. Signé FONTENELLE.

mettre l'aprobation que Mr de Moncrif dou
donner pour la nouvelle edition a la fin de
l'opera

LES DEVINS

DE LA PLACE

SAINT MARC.

PERSONNAGES CHANTANTS.

LEANDRE, *Cavalier François*, M^r. Chaffé.

ZELIE, *jeune Venitienne déguifée
en Bohemienne*, Mademoifelle Peliffier.

UNE BOHEMIENNE, Mademoifelle Jullye.

Chœur de Devins, de Bohemiens & Bohemiennes.

PERSONNAGES DANSANTS.

Chefs des Bohemiens & des Bohemiennes ;

Monfieur D-Dumoulin ; Mademoifelle Camargo.

BOHEMIENS;

Meffieurs Matignon , Bontemps , Savar , Renaud,
Dupré , Dumay.

BOHEMIENNES;

Mefdemoifelles Rabon, Favre , Carville , Thybert,
Lamartiniere , Ferret.

La Scene eft dans la Place Saint Marc.

LES DEVINS.

Le Theâtre repréſente la Place
Saint Marc.

SCENE PREMIERE.

UNE BOHEMIENNE, ZELIE
déguiſée en BOHEMIENNE.

LA BOHEMIENNE.

Noſtre Climat jamais n'eût rien de comparable
Aux attraits qui brillent en vous :
Que ma troupe ſeroit aimable,
Si vous pouviez toûjours demeurer parmy nous !

ZELIE.
Je ne merite point un langage ſi doux.

* ij

LA BOHEMIENNE.

Chacun , d'un ardeur non commune ,
Vient nous consulter dans ces lieux :
Qu'un cœur seroit content de sa bonne fortune ,
S'il la lisoit dans vos beaux yeux !

Mais , ne puis-je sçavoir quelle est vôtre entreprise ?
Pourquoy sous notre habillement ,
Vous voulez aujourd'huy ? . . . .

ZELIE.

Vous en êtes surprise ?
Pour vous en éclaircir , écoûtez un moment.

Un jeune Amant , parti des Rives de la Seine ,
A depuis quelque temps paru dans ce séjour :
On diroit qu'il porte ma chaîne ;
Avec empressement il me suit chaque jour ,
Et souvent dans la nuit , d'une voix la plus tendre ,
Près des lieux que j'habite , il vient me faire entendre
Tout ce que peut dicter l'Amour.

LA BOHEMIENNE.

C'est par des amorces pareilles
Que l'Amour est souvent vainqueur :
Quand on sçait charmer les oreilles ,
On est bien-tôt maître du cœur.

ZELIE.

Je ne le cele pas : j'ay peine à m'en deffendre,
Mais je le crois volage & je voudrois apprendre
Quels sont ses sentiments secrets :
Il se plaît à vos jeux, si je le vois paroître ;
Sous cet habillement, en luy cachant mes traits,
Je tacheray de le connoître.

LA BOHEMIENNE.

Après avoir donné son cœur
Est-il temps de vouloir connoître ce qu'on aime ?
Une Amante dans son ardeur
Cherche à se tromper elle-même.

ZELIE.

Non, non, si son amour ne répond pas au mien,
Peut-estre je pourray rompre un fatal lien.

ENSEMBLE.

Un cœur fidelle qui s'engage
S'expose au plus cruel danger !
Quel tourment d'aimer un volage,
Et de ne sçavoir pas changer !

LEANDRE paroît au fond du Theâtre.

ZELIE.

C'est luy qui vient : pour le surprendre,
Je veux l'observer & l'entendre.

Elles sortent.

SCENE II.

LEANDRE.

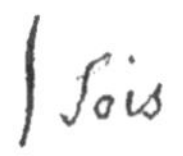

*A*Mour, favorise mes vœux,
Ne soy point offensé, si mon cœur est volage ;
Prendre souvent de nouveaux nœuds,
C'est te rendre souvent hommage.

Lorsque j'ay triomphé d'un cœur,
Je médite une autre victoire :
Brûler d'une infidelle ardeur,
C'est travailler sans cesse à te combler de gloire.

Amour, favorise mes vœux,
Ne soy point offensé, si mon cœur est volage ;
Prendre souvent de nouveaux nœuds,
C'est te rendre souvent hommage.

SCENE III.

LEANDRE, ZELIE, en Bohemienne.

ZELIE entre en dansant sur le Theâtre.

JEune Etranger, veux-tu sçavoir
Ta bonne ou mauvaise fortune ?
Ma science n'est point commune
Dans le grand art de tout prévoir.

LEANDRE.

Je ne veux point prévoir le plaisir, ni la peine,
Pour être au rang des cœurs contens :
La crainte d'un malheur m'inquiette & me gêne,
Et je goûte bien moins un bonheur que j'attends.

ZELIE.

Que ta crainte finisse,
Eprouve quels sont mes talens :
Du moins sur tes projets galans,
Veux-tu que mon art t'éclaircisse ?

LEANDRE.

Sur mes projets d'amour je crains peu l'avenir,
Vous pouvez m'en entretenir.

ZELIE.

Par mes sublimes connoissances
Je lis dans les secrets des Dieux :
Et dans ta main ou dans tes yeux
Je connoîtray ce que tu penses.

Elle prend la main de LEANDRE.

Que voy-je ? dans ces lieux
A combien de beautez tu promets ta tendresse !
Tu sçais parler d'amour, tu l'exprimes des mieux,
Sans que d'un trait constant jamais ce Dieu te blesse.

LEANDRE.

Je croyois vos discours un effet du hazard ;
Mais je vais admirer vôtre art.
Il est vray, je suis infidelle,
Par tout ce qui me plaît je me sens arresté :
Le cœur ne fût jamais le tribut d'une Belle,
C'est le tribut de la Beauté.

ZELIE.

Deux objets dans Venise ont vû briller ta flâme,
Et je sçay bien pourquoy tu n'en sens plus l'ardeur.

LEANDRE.

Quoy ! vous pouvez sçavoir ?..

ZELIE.

Tu regnes dans leur ame,
Elles ne touchent plus ton cœur.

LEANDRE.

Dois-je me piquer de constance
Dès que d'un tendre objet le cœur paroît charmé ?
Ce seroit démentir les lieux de ma naissance,
D'être toûjours Amant, lorsque je suis aimé.

ZELIE,

ZELIE, *en reprenant la main de* LEANDRE.
Pour une nouvelle Maîtresse,
Je vois qu'un nouveau soin te presse!
LEANDRE.
Croyez-vous que bien-tôt je puisse l'enflâmer?
ZELIE.
Elle est fiere, & jamais elle n'eût de foiblesse.
LEANDRE.
Non, ne pensez pas m'allarmer.

Je sçais contraindre un cœur rebelle.
A m'engager sa liberté:
Je voudrois pour la nouveauté,
Pouvoir trouver une cruelle.
ZELIE.
Je prévoy que bien-tôt ton cœur sera content:
Elle veut un amour constant.
LEANDRE.
Je jure avec transport une vive tendresse,
Je jure que jamais elle ne peut finir:
Il m'est toûjours aisé d'en faire la promesse,
Et mal-aisé de la tenir.
ZELIE.
Ecoûte par mon art ce que je vais prédire.

Aujourd'huy dans nos jeux
Tu verras l'Objet de tes vœux:
Luy-même aura soin de t'instruire
Du succès de tes feux.

**

SCENE IV.

LES DEVINS, LES BOHEMIENNES
de la Place de Saint Marc, entrent en danſant
ſur le Theâtre.

CHOEUR.

VEnez, empreſſez-vous, Amants, venez entendre
Quel ſera le ſuccès de vos ſoins amoureux :
Par nôtre art, vous pouvez apprendre
Tous les évenements heureux ou malheureux.

Divertiſſement.

CANTATE.

ZELIE.

Sans troubler le repos du ténébreux empire,
Juſques dans l'avenir, nous avons l'art de lire.

Amant, ſi vous êtes conſtant,
Toûjours empreſſé, toûjours tendre ;
Il eſt aiſé de vous apprendre
Quel eſt le ſort qui vous attend.

Quel objet pourroit ſe défendre ?
Eſperez, vous ſerez content :
L'inſtant eſt marqué pour ſe rendre,
L'Amour ameine cet inſtant,
Pourvû que vous vouliez l'attendre.

Amant, ſi vous êtes conſtant, &c.

Venez fieres Beautez, écoûtez nos chansons;
Songez à profiter de nos tendres leçons.
Vous soûmettez à vôtre empire
Une foule d'Amants:
Si vous les méprisez, je ne puis vous prédire
Que des regrets & des tourments.

L'Amour qui vole sur vos traces,
Ne regne que dans les beaux ans;
Il va s'enfuir avec les graces
Que vous donne vôtre printemps.

Vous perdez des jours favorables,
Où vos yeux pourroient tout charmer;
Quand vous ne serez plus aimables,
Que vous servira-t-il d'aimer?

L'Amour qui vole sur vos traces,
Ne regne que dans les beaux ans;
Il va s'enfuir avec les graces
Que vous donne vôtre printemps.

A la fin du Divertissement LEANDRE se leve,
& paroît inquiet.

SCENE V.

LEANDRE, ZELIE.

LEANDRE.

VOstre Art est peu certain ; Je ne vois point paroître
   L'Objet que j'avois souhaité.

ZELIE.

D'un espoir séducteur je ne t'ay point flaté ;
   Il faut te le faire connoître.

Elle se démasque.

LEANDRE.

Que vois-je ?

ZELIE.

   Tu m'offrois de dangereux liens,
Je sçay tes sentiments, tu peux juger des miens.

Elle sort,

LEANDRE.

Il le faut avoüer : son adresse est extrême,
   Et je ne pouvois la prévoir ;
Mais ce trait cependant montre assez qu'elle m'aime,
Suivons-là, je n'ay point encor perdu l'espoir.

FIN DES DEVINS.

L'AMOUR
SALTINBANQUE.

PERSONNAGES CHANTANTS.

FILINDO, *Chef des Saltinbanques*, M^r. Dun.
FERASTE, *jeune François,*
    Amant de Leonore,   M^r. Tribou.
LEONORE, *jeune Venitienne,*   Mlle. Lemaure.
NERINE, *Surveillante de Leonore,* M^r. Cuvillier.
L'AMOUR SALTINBANQUE,   Mlle. Petitpas.
Chœur de Saltinbanques.

PERSONNAGES DANSANTS.

UN ESPAGNOL,   M^r. Laval.
UN AUTRE ESPAGNOL, M^r. Maltair-C.
UNE ESPAGNOLETTE,   Mlle. Richalet.
ARLEQUIN,   M^r. F-Dumoulin.
ARLEQUINE,   Mlle. Ferret.
SCARAMOUCHE,   M^r. Dumay.
SCARAMOUCHETTE,   Mlle. Thybert.
MEZETIN,   M^r. Savar.
MEZETINE,   Mlle. Rabon.
UN VENITIEN,   M^r. Dupré.
UNE VENITIENNE,   Mlle. Carville.
POLICHINEL,   M^r. P-Dumoulin.
COLOMBINE,   Mlle. Durocher.

La Scene est dans la Place Saint Marc.

L'AMOUR SALTINBANQUE.

Le Theâtre repréſente une Place publique.

SCENE PREMIERE.

FILINDO, Chef d'une Troupe de Saltinbanques:
ERASTE, jeune François, déguiſé en Venitien,
un maſque à la main.

FILINDO, LEANDRE.

FILINDO.

Mant, que vôtre trouble ceſſe,
Lorſqu'un aimable Objet vous bleſſe,
Voyez quels ſont vos Medecins ;
L'Amour dans vos maux s'intereſſe,
Et je ſeconde vos deſſeins.

* ij

4

E R A S T E.

C'eſt trop long-temps cacher ma peine,
Leonore a touché mon cœur,
Je veux luy découvrir ma ſecrette langueur,
Mais mon attente eſt toûjours vaine :
On l'obſerve avec ſoin, on la ſuit en tous lieux,
Je n'ay pû juſqu'icy luy parler, que des yeux.

F I L I N D O.

Les yeux dans l'amoureux empire
Sont les interprêtes des cœurs.

Un regard languiſſant prouve un tendre martire,
Mieux qu'un diſcours remply de fleurs.

Les yeux dans l'amoureux empire,
Sont les interprêtes des cœurs.

E R A S T E.

Le langage des yeux eſt d'un charmant uſage,
A deux cœurs bien unis il offre mille appas :
Mais que ſert ce langage,
Si l'un des deux ne l'entend pas ?

F I L I N D O.

Une Belle ſouvent dans l'âge le plus tendre,
Ne ſçait pas le parler,
Qu'elle commence de l'entendre :
Si l'Objet qui vous charme eſt encore à l'apprendre.
Mon zele va ſe ſignaler,
Il n'eſt rien que pour vous je ne puiſſe entreprendre.

SALTINBANQUE.

Leonore dans ce séjour
S'amuse quelquefois aux innocents spectacles,
Qu'au Public assemblé je donne chaque jour ;
Je prepare des jeux qui vaincront les obstacles
Que l'on oppose à vôtre amour.

Il apperçoit LEONORE avec une SURVEILLANTE.

C'est elle qui paroît. On la suit : le temps presse ;
Cachons-nous à ses yeux, allons tout préparer.

ERASTE.

Que le sort favorise, ou trompe ma tendresse,
D'un cœur reconnoissant je puis vous assurer.

SCENE II.
LEONORE, NERINE Surveillante.

NERINE.

SOngez, songez à vous défendre,
Tout Amant est un imposteur.

Par l'attrait d'un discours flateur,
Il ne cherche qu'à vous surprendre.

Songez, songez à vous défendre,
Tout Amant est un imposteur.

LEONORE.

Me tiendrez-vous toûjours cet importun langage ?
Vos soupçons éternels doivent me faire outrage ;
Sans vous, sans vos conseils, je puis garder mon cœur.

NERINE.

Songez, songez à vous défendre.

LEONORE.

Faudra-t-il toûjours vous entendre ?

NERINE.

Tout Amant est un imposteur.

LEONORE.

Valere, Octave, en vain prétendent me contraindre
      A ressentir l'amour.

NERINE.

Venise dans son sein leur a donné le jour,
      Ils ne sont pas les plus à craindre :
Mais ce jeune Etranger.....

LEONORE.

      Helas !

NERINE.

                Vous soûpirez !
La France l'a vû naître, il est galant, aimable ;
      De tous ceux que vous attirez,
      Je le crois le plus redoutable.

LEONORE.

J'ignorois que sans cesse attaché sur mes pas,
Cet Amant de mon cœur voulût se rendre maître.
      Ce que je ne connoissois pas,
Vos soupçons me l'ont fait connoître.

Si la conſtance de ſa foy
Me contraint un jour à me rendre,
Non, ce n'eſt plus à moy,
C'eſt à vous qu'il s'en faudra prendre.

N E R I N E.

Vous le croyez conſtant ? Ah ! redoutez les feux
Des Amants que produit ce Climat dangereux.

Si vous les mépriſez, leur amour eſt extrême,
Rien n'égale l'ardeur de leurs tendres deſirs ;
Mais, quand ils ſçavent qu'on les aime,
Ils ſont plus inconſtants que l'Onde & les Zephirs.

L E O N O R E.

Par des portraits peu veritables,
On nous trompe dans nos beaux jours ;
Pour nous faire peur des Amours,
On peint les Amants redoutables.

N E R I N E.

Vous m'en dites aſſez ; cet Amant vous ſéduit !
De mes ſages leçons eſt-ce donc là le fruit ?

L E O N O R E.

Je pourrois bien un jour meriter vos allarmes.

Je crois que les Amours n'ont que de faux brillants,
J'ay toûjours mépriſé leurs armes ;
Mais je conçois qu'il eſt des charmes
A tromper des yeux ſurveillants.

N E R I N E.

Je le voy, rien ne vous arrête;
Rebelle à mes conseils. . . . .

L E O N O R E.

Laissez-moy voir la Fête.

N E R I N E.

Je vous l'ay dit cent fois: Gardez bien vôtre cœur,
Songez, songez à vous défendre.

L E O N O R E.

Faudra-t-il toûjours vous entendre ?

N E R I N E.

Tout Amant est un imposteur.

****

S C E N E I I I.

Une Troupe de Saltinbanques entre sur le Theâtre.
On apporte un Char qui s'entr'ouvre, & qui se presente en
forme de Theâtre. L'A m o u r y paroît avec tous les
ornements d'un Saltinbanque, & il n'est caracterisé que
par un Arc qu'il tient dans sa main. Les Plaisirs, les Jeux
sont autour de luy sous des figures comiques.

FILINDO, ET LES CHOEURS.

HAtez-vous, accourez, volez de toutes parts,
Nous vous amenons de Cythere
Ce qui peut charmer vos regards,
Nôtre soin vous est necessaire:
Hâtez-vous, accourez, volez de toutes parts,

Tandis

Tandis que la Surveillante s'occupe à voir la Fête,
ERASTE s'approche de LEONORE,
& s'entretient avec elle.

L'AMOUR.

Venez-tous, venez faire emplette,
Je vends le secret d'être heureux;
Je fais dispenser ma recette
Par les Plaisirs & par les Jeux.

La froide indifference est une maladie
Funeste aux jeunes cœurs;
Je remedie,
A ses langueurs.

Venez-tous, venez faire emplette,
Je vends le secret d'être heureux;
Je fais dispenser ma recette
Par les Plaisirs, & par les Jeux.

L'ennuy d'une ame insensible
Est un dangereux poison;
Pressez-en la guerison,
Mon secret est infaillible
Dans vôtre jeune saison.

Venez-tous, venez faire emplette,
Je vends le secret d'être heureux;
Je fais dispenser ma recette
Par les Plaisirs & pas les Jeux.

On danse.
* *

L'AMOUR

L'AMOUR.

Effet admirable
De mon sçavoir;
Tout devient aimable
Par mon pouvoir.

La Jeuneſſe en eſt plus brillante,
Et la Vieilleſſe moins peſante,
La Laideur ſe perd par mon fard,
La Beauté paroît plus touchante
Avec le ſecours de mon art.

Effet admirable
De mon ſçavoir;
Tout devient aimable
Par mon pouvoir.

Au plus timide cœur je donne du courage,
J'anime le plus indolent,
J'adoucis une ame ſauvage,
Je rends vif l'eſprit le plus lent.

Effet admirable
De mon ſçavoir;
Tout devient aimable
Par mon pouvoir.

Les Plaiſirs qui ſont à la ſuite de l'Amour, forment
un Divertiſſement comique.

L'AMOUR.

Le prix d'un si grand bien, peut-être, vous étonne ?
Je ne le vends plus, je le donne :
Au bon vieux temps des Amadis,
Je le mettois à trop haut prix.

J'exigois des soûpirs, des pleurs, de la constance,
Un cœur sincere, un cœur discret,
Et qui même sans recompense,
Fût content de languir, de brûler en secret.

Ce n'est plus la mode
Des Amants constants :
L'Amour s'accommode
Au défaut du temps.

Un peu de contrainte,
Un cœur complaisant,
Une flâme feinte
Suffit à present.

Ce n'est plus la mode
Des Amants constants ;
L'Amour s'accommode
Au défaut du temps.

ERASTE se leve, & vient avec LEONORE, sur le Theâtre.

ERASTE, à LEONORE.

Non, il est un fidele Amant,
Qui porte vos fers, qui vous aime.

LEONORE.

L'Amour dans vos discours me paroît plus charmant,
Que lorsqu'il se vante luy-même.

NERINE.

Ah ! vous trompez mes soins !

ERASTE.

Ne contrains plus nos feux,
Cesse de nous être contraire,
Obtenons l'aveu de son Pere :
Espere tout de moy, si je deviens heureux.

L'AMOUR.

Le Temps s'écoule
Il faut le ménager ;
Venez en foule,
Je suis un Marchand passager.
Je fais peu de séjour, je pars sans qu'on y pense,
Vous regretterez ma presence ;
Hâtez-vous d'acheter : & vous, Plaisirs charmants,
Préparez à leurs yeux de doux amusements.

Le Divertissement continuë.

CHOEUR.

Accourez, que chacun s'empresse,
L'Amour presente à vos desirs
L'Antidotte de la tristesse,
Et la source des vrays plaisirs.

Profitez dans vôtre bel âge
D'un bien qui vous rendra contents ;
Voulez-vous, pour en faire usage,
Attendre qu'il n'en soit plus temps.

FIN DE L'AMOUR SALTINBANQUE.

LE BAL.

PERSONNAGES CHANTANTS.

ALAMIR, *Prince, Polonois,*   Mr. Chaſſé.

ATHEMIR, *Gentilhomme de la Suite
d' Alamir, déguiſé en Prince Polonois,* Mr. Dumâts.

IPHISE, *Venitienne,*   Mlle. Peliſſier.

UN MAISTRE DE MUSIQUE,   Mr. Tribou.

UN MAISTRE DE DANSE,   Mr. Dupré.

Chœur de Venitiens & de Venitiennes, maſquez.

B A L.

PERSONNAGES DANSANTS.

TROUPE DE MASQUES;

Monſieur Laval;   Mademoiſelle Mariette.

MESSIEURS		MESDEMOISELLES
Maltair-C.,	*ESPAGNOLS;*	Richalet.
Matignon,	*MATELOTS;*	Thybert.
Javillier,	*FRANCOIS;*	Durocher.
Hamoche,	*PAYSĀNS;*	Ferret.
Dupré,	*Autres Maſques.*	Lamartiniere.
Bontemps,		Rabon.

La Scene eſt dans un Palais de Veniſe.

LE BAL.

Le Theâtre repréfente un lieu préparé pour un Bal.

SCENE PREMIERE.

ALAMIR, THEMIR.

THEMIR.

Eigneur, trop de délicateſſe
Trouble vôtre felicité:
Vous aimez dans Veniſe une jeune Beauté,
Et vous ne la charmez que par vôtre tendreſſe.

Elle ignore qu'en vous un Prince eſt ſon Amant,
Et, pour juger encor de ſa perſeverance,
Paré de vôtre nom, ſous vôtre habillement,
Je fais briller l'éclat d'une haute puiſſance.

* ij

LE BAL.

Du plus parfait amour
Je feins de ressentir toute la violence,
Mais les Festes, les Jeux que j'offre chaque jour
N'affoiblissent point sa constance.

ALAMIR.

De ses vrais sentimens j'ay voulu m'éclaircir,
Ce projet a rendu ma flâme plus heureuse.

THEMIR.

Il est rare de réüssir
Par cette épreuve dangereuse.

Le desir d'un rang glorieux
Eteint les ardeurs les plus belles :
Il est bien moins de cœurs fidelles,
Qu'il n'est de cœurs ambitieux.

ALAMIR.

Et c'est ce qui troubloit mon ame,
Je n'osois me livrer aux transports de ma flâme.

Un Amant élevé dans l'éclat des grandeurs,
En amour n'est jamais paisible :
Il peut toûjours douter si c'est à ses ardeurs,
Ou si c'est à son rang qu'une Amante est sensible.

THEMIR.

Tout conspire à vous rendre heureux,
Ne vous imposez plus une dure contrainte :
Iphise apprenant vôtre feinte,
Pourra la pardonner à l'excès de vos feux.

Par vos ordres exprès je donne un Bal pompeux :
Deux Maîtres renommez qu'a vû naître la France,
Doivent en preparer & les Chants & la Danse :
Vous y verrez l'Objet de vos plus tendres vœux.

ALAMIR.

Tu sçais par quel moyen tu me feras connoître.

THEMIR.

Allez, je vois paroître
Les Ordonnateurs de nos jeux.

SCENE II.

THEMIR, UN M^{tre.} DE MUSIQUE,
UN M^{tre.} DE DANSE.

LE M^{tre.} DE MUSIQUE & LE M^{tre.} DE DANSE.

DE nos communs efforts vous devez tout at-
tendre.

LE M^{tre.} DE MUSIQUE.

Ballet charmant !

LE M^{tre.} DE DANSE.

Musique tendre !

LE M^{tre.} DE MUSIQUE.

Ah ! c'est vous,

LE M^{tre.} DE DANSE.

Ah ! c'est vous.

ENSEMBLE.

Qui l'emportez sur moy.

THEMIR.

J'admire ce flateur langage ;
Mais parmi vous, est-ce un usage
De vous loüer de bonne foy ?

LE M^{tre.} DE MUSIQUE.

Grace au Ciel, de mon Art je connois le ſublime,
Tout céde à mes divins tranſports :
Je puis dans le feu qui m'anime,
Du Chantre de la Thrace éffacer les accords.

LE M^{tre.} DE DANSE.

Mes pas ſont autant de merveilles,
Ils ſont brillans & gracieux ;
Je ſçais l'art de tracer aux yeux,
Les ſons qui frapent les oreilles.

LE M^{tre.} DE MUSIQUE.

Aux yeux des Matelots
Faut-il peindre un orage ?
Je porte par tout le ravage,
Je fais ſiffler les vents, je ſouleve les flots.

LE M^{tre.} DE DANSE.

Si des vents en courroux il faut montrer la rage,
Par divers tourbillons j'en deviens une image.

LE M^{tre.} DE MUSIQUE.

Faut-il inſpirer le repos ?
Au tranquile Sommeil je prête des pavots.

LE BAL.

LE Mtre. DE DANSE.

*D'un songe agreable
Je peins la douceur :
D'un songe effroyable
Je fais voir l'horreur.*

LE Mtre. DE MUSIQUE.

*Si j'évoque les morts de leurs demeures sombres,
Je puis faire trembler les plus audacieux.*

LE Mtre. DE DANSE.

*Sous le terrible aspect d'un Demon furieux
Je puis épouvanter les ombres.*

LE Mtre. DE MUSIQUE.

*Je celebre l'Amour sur mille tons divers,
Je vante le Printems, les Zephirs, la verdure ;
On croit entendre dans mes Airs,
Un Rossignol qui chante, un Ruisseau qui murmure.*

LE Mtre. DE DANSE.

*J'anime des Bergers heureux,
Qui par une Danse legere
Semblent sur la verte fougere
Tracer l'image de leurs feux.*

LE

LE M^{tre.} DE MUSIQUE.

Par une brillante saillie
Je fais honneur à l'Italie.

Volate , Amori ,
Ferite tutti i cori.

LE M^{tre.} DE DANSE.

Et moy je sçais. . . .

THEMIR.

Allez , je vois quelqu'un paroître ,
Allez , tout aprêter :
Pour Maîtres dans vos Arts je dois vous reconnoître ,
Au soin que vous prenez tous deux de vous vanter.

SCENE III.

ALAMIR, IPHISE.

ALAMIR.

POurrois-je me flater de regner dans vôtre ame ,
Lorsqu'un Prince charmé de l'éclat de vos yeux ,
Joint à l'hommage de sa flâme ,
Tout ce qui peut toucher un cœur ambitieux ?

La gloire , la magnificence
Accompagnent par tout ses pas ;
Et je n'opose à tant d'appas
Que mon amour & ma constance.

IPHISE.

Cruel ! quelle eſt vôtre rigueur ?
Par cet injuſte effroy n'offenſez point mon cœur.

Vous ſçavez que je vous aime,
Je fais mon bonheur ſuprême
De vous charmer à mon tour :
C'eſt dans une ame commune,
Que l'éclat de la Fortune
Peut triompher de l'Amour.

ALAMIR.

Quoy ! vôtre cœur pourroit refuſer la victoire
Aux charmes d'un rang éclatant !

IPHISE.

Je ne veux que la gloire
De vous rendre conſtant.

ALAMIR.

Ah ! c'en eſt trop, Beauté charmante,
Partagez d'un Amant la fortune brillante,
Il vous offre un bonheur certain ;
Que ſous d'aimables loix un doux hymen vous range,
Conſentez que l'Amour vous venge
Des fautes du Deſtin.

IPHISE.

Dans quels ſoupçons, Ingrat, me jette ce langage !

ALAMIR.

Le Ciel en vous formant vous a fait un outrage.

Les sentiments du cœur & le charme des yeux
Furent vôtre partage;
Mais vous deviez briller dans un rang glorieux,
Il faut qu'un Mortel qui vous aime,
Vous offre la grandeur suprême
Que devoient vous donner les Dieux.

IPHISE.

Ah! j'ay perdu vôtre tendresse,
Ce vain discours est un adresse
Qui cache un changement fatal:
Non, il n'est pas possible
Qu'un Amant bien sensible
Parle pour son Rival.

ALAMIR.

Aimez un Prince, aimez.....

IPHISE.

Tu le veux donc, Perfide?

ALAMIR.

Si vous ne l'aimez pas, je ne puis être heureux.

IPHISE.

C'en est fait : je suivray le transport qui me guide,
Pour me venger de toy, j'approuveray ses feux,
Mon juste désespoir... Je le voy qui s'avance!...
Ingrat, je t'aime encor, malgré ton inconstance.

**

SCENE IV.

ALAMIR, IPHISE, THEMIR.

THEMIR.

PRrince, les jeux sont prêts,
Sans vos ordres exprès,
Je ne dois point.....

IPHISE.

O Ciel !

ALAMIR.

Que la Fête commence.

SCENE V.

ALAMIR, IPHISE.

IPHISE.

Qu'entends-je? quel est ce discours?
N'en puis-je sçavoir le mistere?

ALAMIR.

Iphise, j'ay voulu vous plaire,
Sans avoir de mon rang employé le secours.

Mon cœur est asseuré du vôtre,
Pardonnez cette feinte à la plus vive ardeur :
Partagez avec moy la suprême grandeur,
Dont tout l'éclat n'a pû vous toucher pour un autre.

IPHISE.

Je ne vois en vous qu'un Amant,
Vôtre amour seul touche mon ame.

ALAMIR.

Ah ! que mon bonheur est charmant,
Et qu'il augmente encor ma flâme !

ENSEMBLE.

Aimons-nous, aimons-nous,
Qu'à jamais l'Amour nous enchaîne ;
Richesses, grandeur souveraine,
Sans luy rien ne peut être doux ;
Aimons-nous, aimons-nous.

S C E N E VI.

Les Maîtres de Musique & de Danse viennent avec
une foule de Masques dansants & chantants,
& le Bal commence.

C H OE U,R S.

Que les Ris, que les Jeux dans cet heureux séjour,
Avec tous ses attraits, fassent regner l'Amour.

Tendre Amour, dans la nuit c'est toy seul qui nous
   guides,
Tu la fais préferer aux jours les plus charmants;
     Tu rends dans ces moments
Les Amants plus hardis, les Beautez moins timides.

Que les Ris, que les Jeux dans cet heureux séjour,
Avec tous ses attraits, fassent regner l'Amour.

On danse.

I P H I S E.

A l'incanto d'un bel riso,
Al folgorar d'un bel viso
Non si serva la liberta.

Resista chi puo, resista
A gli sguardi della Belta.

A l'incanto, &c. *Da Capo.*

Le Bal favorise
Les cœurs amoureux,
Il les autorise
Dans leurs tendres feux;
C'est icy l'usage
De parler d'amour,
Et la plus sauvage
Le suit à son tour.

CHOEURS.

Que les Ris, que les Jeux dans cet heureux séjour,
Avec tous ses attraits, fassent regner l'Amour.

Tendre Amour, dans la nuit c'est toy seul qui nous
guides,
Tu la fais préferer aux jours les plus charmans;
Tu rends dans ces moments
Les Amants plus hardis, les Beautez moins timides.

Que les Ris, que les Jeux dans cet heureux séjour,
Avec tous ses attraits, fassent regner l'Amour.

FIN DU BAL.

PRIVILEGE DU ROY.

LOUIS par la grace de Dieu, Roy de France & de Navarre : A nos amez & feaux Conseillers, les Gens tenant nos Cours de Parlement, Maîtres des Requêtes ordinaires de nôtre Hôtel, Grand Conseil, Prevôt de Paris, Baillifs, Sénéchaux, leurs Lieutenans-Civils, & autres nos Justiciers qu'il appartiendra, Salut. Les Sieurs Besnier, Avocat en Parlement, Chomat, Duchesne, & de la Val de S. Pont, Bourgeois de nôtre bonne Ville de Paris ; Nous ont fait remontrer, qu'en consequence de l'Arrest de nôtre Conseil du 12. Decembre 1712. du Traité fait entr'eux & les Sieurs de Francine & Dumont, le 24. desdits Mois & An, & de nos Lettres Patentes du 8. Janvier ensuivant, confirmatives dudit Traité ; Ils auroient acquis le Privilege, de faire representer les Opera durant le temps de vingt années, à compter du 20. Aoust 1712. ainsi que le Privilege de la vente des Paroles desdits Opera, lesquelles ils desireroient faire imprimer pour les donner au Public, s'il Nous plaisoit leur accorder nos Lettres de Privilege sur ce necessaires ; A CES CAUSES ; desirant favorablement traiter les Exposants, attendu les charges dont l'Academie Royale de Musique se trouve oberée, & les grandes dépenses qu'il convient de faire, tant pour l'Impression que pour la Gravûre en Taille-douce des Planches dont ce Livre sera orné ; Nous leur avons permis & permettons par ces Presentes, de faire imprimer & graver les Paroles & la Musique de tous lesdits Opera, qui ont été ou qui seront representez par l'Academie Royale de Musique, tant separément que conjointement, en telle forme, marge, caractere, nombre de Volumes & de fois que bon leur semblera, & de les vendre & debiter par tout nôtre Royaume pendant le temps de dix-neuf années consecutives, à compter du jour de la datte desdites Presentes. Faisons défenses à toutes personnes, de quelque qualité & condition qu'elles puissent être, d'en introduire d'impression étrangere, dans aucun lieu de nôtre obéïssance : Et à tous Imprimeurs, Libraires, Graveurs, & autres, d'imprimer, faire imprimer, vendre, faire vendre, débiter ny contrefaire lesdites Impressions, Planches & Figures, en tout ny en partie, sans la permission expresse & par écrit desdits Sieurs Exposans, ou de ceux qui auront droit d'eux, à peine de confiscation des Exemplaires contrefaits, de six mille livres d'amende contre chacun des Contrevenants, dont un tiers à Nous, un tiers à l'Hôtel-Dieu de Paris, l'autre tiers ausdits Sieurs Exposans, & de tous dépens, dommages & interests, à la charge que ces Presentes seront enregistrées tout au long sur le Registre de la Communauté des Imprimeurs & Libraires de Paris, & ce dans trois Mois de la datte d'icelles ; que la gravûre & impression desdits Opera sera faite dans nôtre Royaume & non ailleurs, en bon papier & en beaux caracteres, conformément aux Reglemens de la Librairie, & qu'avant de les exposer en vente, il en sera mis deux Exemplaires dans nôtre Bibliotheque publique, un dans celle de nôtre Château du Louvre, un autre dans celle de nôtre tres-cher & feal Chevalier Chancelier de France, le Sieur Phelypeaux, Comte de Pontchartrain, Commandeur de nos Ordres ; Le tout à peine de nullité des Presentes ; Du contenu desquelles vous mandons & enjoignons de faire joüir lesdits Sieurs Exposans, ou leurs Ayants-cause, pleinement & paisiblement, sans souffrir qu'il leur soit fait aucun trouble ou empeschement. Voulons que la Copie desdites Presentes, qui sera imprimée au commencement ou à la fin desdits Opera, soit tenuë pour düement signifiée ; & qu'aux Copies collationnées par l'un de nos amez & feaux Conseillers & Secretaires, foy soit ajoûtée comme à l'Original. Commandons au premier nôtre Huissier ou Sergent, de faire pour l'execution d'icelles tous Actes requis & necessaires, sans demander autre permission, & nonobstant Clameur de Haro, Charte Normande & Lettres à ce contraires. CAR tel est nôtre plaisir. DONNE' à Versailles le vingtiéme jour d'Aoust l'An de Grace mil sept cent treize, & de nôtre Regne le soixante-onziéme, Par le Roy en son Conseil. Signé BESNIER, avec paraphe, & scellé.

Registré sur le Registre N°. III. de la Communauté des Libraires & Imprimeurs de Paris, Page 648 N°. 741. conformément aux Reglemens, & notamment à l'Arrest du 30. Aoust 1703. Fait à Paris ce 12. Septembre 1713. Signé, L. JOSSE, Syndic.

Par Traité passé, DE L'ORDRE DU ROY, pardevant Notaires, le 22. Novembre 1727. entre l'Academie Royale de Musique, & le Sr. BALLARD, Seul Imprimeur du Roy, &c. Il est Cessionnaire de ladite Academie, pour ce qui regarde les Livres mentionnez au Privilege cy-dessus.